Les géants de la mer

Louise-Michelle Sauriol

Illustrations
Joanne Ouellet

collection libellule

sous la direction de
Yvon Brochu

Données de catalogage avant publication (Canada)

Sauriol, Louise-Michelle

Les géants de la mer

(Collection Libellule)
Pour les jeunes de 8 à 12 ans

ISBN 2-7625-4109-3

I. Titre. II. Collection.

PS8587.A38684G42 1997   jC843'.54   C96-941051-4
PS9587.A38684G42 1997
PZ23.S28Ge 1997

Sous la direction de Yvon Brochu, R-D création enr.

Conception graphique de la couverture : Flexidée
Illustrations : Joanne Ouellet
Réviseur-correcteur : Maurice Poirier
Mise en page : Michael MacEachern

© Les éditions Héritage inc. 1997
Tous droits réservés

Dépôts légaux : 1er trimestre 1997
Bibliothèque nationale du Québec
Bibliothèque nationale du Canada

ISBN : 2-7625-4109-3   Imprimé au Canada

LES ÉDITIONS HÉRITAGE INC.
300, rue Arran, Saint-Lambert (Québec) J4R 1K5
Téléphone : (514) 875-0327
Télécopieur : (514) 672-5448
Courrier électronique : heritage@mlink.net

Les éditions Héritage inc. remercient le Conseil des Arts
du Canada du soutien accordé à leur programme
d'édition dans le cadre du programme des subventions
globales aux éditeurs.

Aux enfants de toutes les couleurs

DE LA MÊME AUTEURE

Chez Héritage :

La course au bout de la Terre, 1991

La sirène des mers de glace, 1992

Au secours d'Élim !, 1996

Chapitre 1

Écoutez le vent du nord!

— On ne va pas à la chasse à la baleine comme à la cueillette des bleuets, mon garçon! dit Kopak, le chasseur de baleines. Il faut se préparer. Demain matin, viens chez moi avec les autres.

Yaani a compris, son cœur a fait un bond: Kopak, son vieil ami, l'invite à se joindre aux chasseurs. Il fera partie d'un équipage! Aura-t-il le droit de pagayer, lui, un jeune Inuit de treize ans, sans aucune expérience de la mer? Il n'en est même pas certain.

L'automne dernier, les vieux du village racontaient des histoires de chasse à la baleine dans les veillées. Yaani n'a rien manqué de leurs récits. Les yeux des chasseurs brillaient au souvenir de leurs exploits passés. Yaani buvait leurs paroles, se voyait déjà en mer, en train de pourchasser une énorme baleine boréale.

Maintenant, il se sent tout drôle, beaucoup moins sûr de lui. Un jour, pourtant, il construira son propre *oumiak** et deviendra *oumialik*, un capitaine comme Kopak!

Tôt le lendemain matin, le jeune Inuit se hâte d'aller retrouver Kopak. Dans le village, les chasseurs se rassemblent pour préparer la grande chasse. Une atmosphère fébrile règne partout. Yaani presse de plus en plus le pas.

---

*oumiak: bateau de neuf mètres de long, fait de peaux de phoque tendues et montées sur une charpente d'os ou de bois.

Le long du chemin, deux écureuils s'amusent à faire des galipettes. «Les petits animaux sortent, l'hiver n'en a pas pour longtemps, se dit Yaani. Les baleines doivent être en route vers le nord!»

Il ne tient plus en place et court à toute vitesse les derniers mètres qui le séparent de la maison de Kopak.

Bâtie d'os de baleine et de bois de grève, la maison de l'oumialik est située à l'extrémité du village. Son unique fenêtre luit comme un phare sur le toit recouvert de terre. L'habitation semble petite, mais en plus de la chambre à coucher, elle renferme une cuisine et une salle commune. Juste à côté, se trouve la remise où l'oumiak est entreposé.

Yaani pousse la porte et s'engouffre à l'intérieur avec un courant d'air froid. Haletant, il jette son parka dans un coin et ses bottes dans l'autre. Debout

devant lui, Kopak reste silencieux; il tire de longues bouffées de sa pipe d'ivoire en observant le garçon. Le vieil homme se décide enfin à parler:

— À t'exciter comme ça, tu risques d'effaroucher la baleine. Elle n'aime pas qu'on s'agite autour d'elle. Efforce-toi d'être calme, Yaani. Surtout, garde son image bien claire dans ta tête. Tu auras ainsi plus de chance de la rencontrer.

Yaani se souvient: il y a longtemps, très longtemps, son père, avant d'être emporté par la mer, lui a appris ces choses. Confus, il se promet de mieux contrôler ses émotions.

Le jeune Inuit rejoint l'oncle Charlie dans la salle commune. Celui-ci est occupé à vérifier une dernière fois les lames du harpon. Bâti comme un ours, les épaules larges et puissantes, son oncle est le harponneur de l'équipage. C'est lui qui lancera le lourd instrument.

Avec un chiffon en peau de lièvre, l'oncle frotte chacune des lames de pierre aiguisée puis les dépose dans une petite boîte d'ivoire, taillée en forme de baleine.

— Tu vois, nos lames sont déjà dans le ventre de la baleine! dit-il avec un sourire jovial.

Durant l'hiver, l'oncle Charlie et les autres chasseurs ont refait toutes les pièces d'équipement. Ils ont fabriqué de nouvelles pagaies, de nouveaux cordons de cuir de caribou, et même de nouveaux couteaux au manche sculpté. Ils ont aussi construit un long traîneau pour transporter l'oumiak à la mer. Tout est flambant neuf.

Yaani s'amuse un instant avec trois flotteurs brun-roux déposés sur une peau d'ours, aux pieds de son oncle. Fabriqués à partir de peaux de phoque soufflées, ces flotteurs ont l'air de gros poissons sans nageoires.

— Attention, prévient l'oncle Charlie, ces flotteurs sont très précieux. Durant la chasse, ils sont reliés à la lame du harpon par de longs cordons de cuir. Lorsque la baleine est harponnée, on lance les flotteurs à l'eau pour ralentir la bête blessée et surtout, pour signaler sa présence. Sans ces flotteurs, les grosses baleines disparaîtraient; car, même avec une lame de harpon dans le corps, elles continuent de nager et de plonger.

— Je sais, acquiesce Yaani qui a déjà entendu des histoires où des chasseurs ont pourchassé leur baleine harponnée durant plus de deux jours!

— Aide-moi, continue l'oncle, nous allons tout de suite rattacher nos flotteurs au harpon.

Des crissements sonores sur la neige viennent interrompre les préparatifs. Bientôt, trois grands gars s'amènent dans la salle commune avec leurs sacs à dos et des lances. Ils déposent leurs

bagages et vont entourer Kopak, en train de rassembler des vêtements.

Yaani en connaît deux: Nikok et Isaac, les champions du village à la pagaie. Ils ont du muscle et sont rusés. De vrais chasseurs de baleines!

Qui est l'autre gars?

Moins costaud que ses compagnons, cet Inuit ne possède pas le teint basané des chasseurs. Yaani est intrigué par sa barbiche et ses lunettes rondes. D'où peut-il venir?

Son oncle lui apprend qu'il étudie dans une école du Sud et s'appelle Millik. Il a demandé à faire partie d'une expédition pour étudier les techniques anciennes de la chasse à la baleine. Aucun équipage n'avait de place pour lui. Kopak, le plus expérimenté des oumialiks du village, n'a pas hésité: il a accueilli Millik chaleureusement.

— Alors, Yaani, s'informe Isaac, un

des champions pagayeurs, c'est toi le « rat musqué », cette année ?

Yaani sursaute, dépité par la suggestion. Selon la tradition, la personne désignée « rat musqué » assume les corvées et apporte la nourriture à l'équipage tout au long de la chasse. Non, il n'a pas envie d'être « rat musqué ». De plus, il peut tenir le coup dans les épreuves difficiles et ses bras sont aussi solides que ceux de Millik, le nouveau venu.

Yaani repousse les mèches de cheveux noirs de son front et lève des yeux suppliants vers Kopak.

— Yaani fera la chasse avec nous, tranche Kopak de sa voix chaude et grave. J'ai un autre « rat musqué », et c'est Liitia, la jeune sœur de Yaani. Elle sera même l'assistante du cuistot au camp !

Yaani est estomaqué par la nouvelle. Liitia n'a dit à personne qu'elle venait :

elle accompagnera donc leur mère, responsable du campement sur la banquise. «Comment a-t-elle fait pour garder le secret?» se demande Yaani, enchanté de la tournure des événements. Ainsi, il sera membre à part entière de l'équipage: il pagaiera avec les chasseurs!

— Désolé, Yaani, reprend Isaac, avec un sourire au coin des lèvres, j'oubliais que tu es notre fameux tireur d'aigle!* Je suis très content de chasser la baleine avec toi.

— Moi aussi, ça me fait plaisir, renchérit Nikok, l'autre pagayeur, tu nous raconteras tes aventures. Au fait, savez-vous que les glaces ont bougé dans la baie?

— Je sais, dit Kopak, et le bruant des neiges est de retour. Hier, j'en ai aperçu toute une volée. Les baleines sont proches. Allons préparer l'oumiak!

* Voir *Au secours d'Élim!*, dans la même collection.

Le vieux chasseur endosse un somptueux parka de renne et noue une peau de corbeau autour de son cou. Sur sa tête, il pose un large bandeau, orné de dents de loup. C'est la première fois que Yaani voit Kopak vêtu de cet imposant costume d'oumialik. Un frisson d'admiration le parcourt.

— Vous aussi, demain, n'oubliez pas de mettre vos plus beaux vêtements, recommande Kopak. Nous devons plaire à la baleine pour qu'elle s'approche! Suivez-moi maintenant dans la remise.

L'oumialik sort de la maison et mène fièrement ses invités autour de l'embarcation de peau. L'oumiak est impeccable. Au cours de l'automne, Kopak a travaillé à réparer les moindres défauts, les moindres fissures de l'embarcation.

Le bateau de huit places est recouvert de peaux de phoque barbu bien lisses.

— D'abord, dit l'oumialik, appli-
quons-nous à mieux séduire la baleine.

Kopak prend une plaque de bois de
grève appuyée contre l'oumiak et la
montre aux chasseurs. Sur une des
faces, on peut voir une baleine sculpt-
tée, et sur l'autre, un morceau de cristal
de roche destiné à attirer la baleine.

Lentement, Kopak se penche et
suspend la plaque à un crochet juste
devant le premier banc de l'oumiak. Il
entonne alors un très vieux chant de
chasseurs de baleines.

— Écoutez le vent du nord! Écoutez
les glaces des mers! Lève-toi, baleine!
Lève-toi et chante pour nous!

Yaani et les autres membres d'équipage reprennent avec ferveur: «Lève-
toi, baleine! Lève-toi et chante pour
nous! Écoutez le vent du nord...»

Une seule personne garde les dents

serrées : c'est Millik. Derrière ses lunettes rondes, son regard semble absent.

— Et puis, voici la boîte magique! annonce Kopak en faisant circuler un coffret d'ivoire. Prenez chacun une amulette.* Tiens, Yaani!

Le coffret déborde de petites pierres plates, taillées en forme d'animaux marins. Yaani choisit un phoque joliment découpé. Ce sera son porte-bonheur!

Il tend ensuite le coffret à Millik.

— Je n'ai pas besoin de joujoux! déclare ce dernier en passant le coffret à Isaac tout près de lui.

— La chasse à la baleine n'a rien d'un jeu pour nouveau-nés, le prévient aussitôt l'oncle Charlie. Tu t'en rendras compte dès que nous serons entre les glaces.

---

*amulette: objet que l'on porte sur soi et auquel on attribue des pouvoirs magiques.

— Millik, tu es libre de faire comme il te plaît, intervient Kopak. Mais rappelle-toi que la baleine est puissante et la mer, sans pitié. Au travail, maintenant !

Les chasseurs se mettent aussitôt à l'œuvre. Ils transportent leur équipement dans la remise et en attachent solidement chaque partie au fond de l'oumiak.

Au cours de l'opération, Yaani voit soudain Millik plonger la main dans le coffret et fourrer trois ou quatre amulettes dans ses poches. « Il a rapidement changé d'idée, celui-là ! » se dit-il, étonné.

— Yaani ! s'exclame à ce moment l'oncle Charlie. Viens par ici !

Le garçon rejoint alors son oncle ; il l'aide à fixer le porte-harpon d'ivoire avec des tendons de caribou, le long du premier banc. Le harponneur occupe toujours la première place dans l'oumi-ak, car c'est lui qui déclenche l'attaque. L'oumialik demeure à l'arrière avec sa pagaie-gouvernail qui dirige le bateau.

— Yaani, répète l'oncle en lançant un clin d'œil au jeune Inuit, tu seras mon assistant pendant la chasse. Va chercher les pagaies. Après, nous nous occuperons du harpon et des flotteurs.

Yaani a l'impression d'être déjà lancé à la poursuite de la baleine. Il travaille en fredonnant la chanson des chasseurs de baleines. Le reste de la journée s'écoule comme dans un rêve. Le soir, fatigué mais heureux, il retourne chez lui sous un ciel criblé d'étoiles, emportant dans sa tête l'image d'une énorme baleine bleu-noir : la baleine boréale, la géante des mers ! Il n'a qu'un désir : partir à la chasse, rencontrer au plus tôt « sa » baleine et la ramener captive.

Chapitre 2

Debout sur la baleine

Les heures ont passé, un nouveau matin s'est levé. Après un bon déjeuner de phoque bouilli, Yaani rassemble les bagages et attelle les chiens. Avec sa sœur Liitia, il commence à charger le traîneau ; Sarah, leur mère, apporte les dernières provisions et étend des peaux de caribou par-dessus le chargement.

— Prêtes ? demande Yaani en finissant d'attacher le tout au traîneau.

— Oui, oui, répond Liitia, sans hésiter, le sourire aux lèvres.

Elle se réjouit de ses nouvelles responsabilités : faire les courses pour les chasseurs, s'occuper des chiens tout en cuisinant un peu. La fillette s'installe joyeusement sur les peaux à côté de sa mère.

— *Haï* ! Allez-y ! lance Yaani aux chiens, impatient de rejoindre les autres chasseurs sur la banquise.

Les bêtes courent allègrement dans le vent glacial. Élim, sauvé de la mort par Yaani et Liitia quand il était chiot, semble le plus fougueux. Les pattes maintenant bien solides, il trotte derrière Anouk, la chienne de tête de l'attelage. Le vent siffle comme un appel du large ; le traîneau longe la mer, sa banquise, ses eaux sombres, sa vie secrète.

« Les baleines arrivent, je sens qu'elles sont là ! » se dit Yaani.

Ces grands mammifères voyagent mystérieusement dans la mer entre les blocs de glace. Elles parcourent de longues distances en nageant dans les chenaux ou passages, créés par la fonte des glaces.

Une d'entre elles fera le saut, viendra respirer, chanter à l'air libre. Les chasseurs veilleront, à l'affût, les lances et le harpon levés.

— *Haï*! crie encore Yaani, emporté par son enthousiasme.

Sarah et Liitia s'agrippent au traîneau pour parer à l'élan des chiens.

— Yaani! C'est Kopak là-bas! lance tout à coup Liitia, au bout d'une dizaine de kilomètres.

Le vieil oumialik est parti à pied au lever du jour, avec le reste de l'équipage. Les quatre hommes ont tiré eux-mêmes le traîneau portant l'oumiak et l'équipement de chasse. Ils ne voulaient pas s'encombrer de chiens. Un attelage sera bien suffisant autour du

camp. Kopak a déjà choisi un emplace-
ment pour la tente et fait signe de la
main à Yaani.

— J'arrive! crie Yaani, alors que ses
chiens freinent dans un tourbillon de
neige.

— Ne bouscule rien, mon garçon, recommande Kopak, lorsque Yaani
descend de traîneau. Rappelle-toi qu'il
nous faut rester calmes.

Millik fait entendre un petit rire impatient.

— On ne va pas dormir sur place,
tout de même!

— Tu n'as jamais si bien dit, Millik,
fait Kopak. Nous ne dormirons pas
beaucoup sous la tente. Il faudra veiller
pour accueillir la baleine. Nous ne
savons pas quand elle viendra. Montez
la tente et suivez-moi ensuite!

À peine une heure plus tard, la tente

de peau est dressée et les provisions sont à l'abri; les chasseurs tirent alors l'oumiak vers un chenal d'eau libre, à environ un kilomètre du campement. Plein d'entrain, Yaani s'empare d'un harnais pour faire sa part de corvée.

Une fois au bord du chenal, Kopak fait installer l'oumiak à la limite des glaces, prêt à voguer en mer. Les chasseurs commencent aussitôt le guet.

Il neige légèrement et le temps est gris. Debout à côté de son oncle, Yaani surveille les eaux du large avec attention. La baleine boréale décidera peut-être de se montrer. On ne sait jamais. Oh! si elle voulait juste s'approcher un peu pour lui faire plaisir!

Pourtant, midi arrive et rien n'a encore bougé. Yaani s'efforce de cacher son désappointement. Avec Kopak et l'oncle Charlie, il murmure des chansons de chasse. Kopak affirme que la

baleine entend tout et qu'il ne faut pas l'apeurer avec des musiques fortes.

Liitia-le-rat-musqué arrive par-derrière avec de la viande de caribou dans un grand bol de bois.

— Et puis? demande-t-elle à Yaani, les joues rougies par sa promenade. Toujours pas de baleines?

— Mais tu marches sur une baleine! intervient l'oncle Charlie en riant.

— Encore une de tes blagues! soupire Liitia, prête à lui tourner le dos.

— Pas du tout! continue l'oncle en mastiquant lentement une bouchée de caribou. Laisse-moi te raconter. *Il y a des milliers d'années, une bête étrange sillonnait la mer et effrayait les gens. Un jour, un chaman* a pagayé longtemps vers le nord, décidé d'en venir à bou... Soudain, il a entendu un animal re...*

*chaman: sorcier, personnage qui peut comm... avec les esprits de la nature.

rer très fort. Il a pris son harpon et a frappé l'animal droit dans les vertèbres. C'était une baleine gigantesque! Elle s'est dressée sur sa queue, puis elle est retombée en s'accrochant à la terre. Quand le chaman s'est approché d'elle, la baleine était devenue un morceau de terre, la pointe de terre sur laquelle tu as les deux pieds. Tu vois, tu marches sur une baleine!

— Tu t'arranges toujours pour gagner! s'exclame Liitia.

— Mais cette histoire est vraie! proteste énergiquement l'oncle Charlie.

— Vraie comme la neige est chaude! dit Millik, qui a écouté le récit.

— Les légendes sont vraies, déclare Kopak, puisqu'elles nous apprennent comment les anciens voyaient le monde!

— Mon oncle, dit Liitia, tâche de harponner une baleine meilleure à manger que ta baleine de terre! Moi, je m'en vais raconter ton histoire à Sarah.

Et les heures filent, entrecoupées de chants et de récits. Toujours rien! Malgré tout, Yaani ne quitte pas la mer des yeux.

Soudain, au beau milieu de l'après-midi, un bruit lointain, étrange, telle une puissante respiration, le fait sur-sauter. LA BALEINE! *AGVIQ!* Il exulte. Pas possible, sa baleine boréale! «En chasse!» se dit-il en se retenant pour ne pas sauter de joie. Il doit rester calme…

Kopak donne le signal: Yaani et les autres chasseurs grimpent en silence dans l'oumiak derrière l'oncle Charlie. L'oumialik, aidé du solide Nikok, pousse l'embarcation dans le chenal d'eau claire et y monte en dernier. Aussitôt, Yaani, Millik, Nikok et Isaac se mettent à pagayer. Yaani y va avec toute l'énergie dont il est capable.

Plus l'oumiak enfile entre les glaces, plus il fait froid. Yaani claque des dents malgré lui. Un vrai froid de loup!

Mais au loin, beaucoup plus loin, une tête de baleine bleu-noir s'élève au-dessus de la mer.

Yaani frémit de joie. Sa première baleine! Elle paraît plus belle que toutes les images qu'il s'était forgées dans son esprit; envoûté par cette vision, le jeune Inuit pagaie maintenant à un rythme endiablé. Devant lui, l'oncle Charlie caresse son harpon, prêt à intervenir.

Tout à coup, la baleine émet un nuage de vapeur en forme de V, souffle bruyamment, puis floup! disparaît subitement.

Qu'est-elle devenue? Est-elle retournée à la mer pour toujours? Yaani sent des picotements dans ses yeux. Non, il ne va pas pleurer, tout de même!

Les chasseurs essaient de suivre la trace du gros mammifère. Bien en vain, car le vent change brusquement de direction et l'eau se transforme en glaçons autour d'eux. Vont-ils rester prisonniers des glaces?

Kopak manœuvre durement avec sa pagaie pour faire demi-tour et réorienter l'oumiak. Yaani est à bout de forces. Il serre les dents, continue de pagayer malgré les éclats de glace qui lui martèlent le visage.

Ils atteignent la banquise juste avant que le chenal ne se referme complètement.

— Maudite baleine! s'écrie Millik, hors de lui, en lançant sa pagaie au loin sur la glace avant de débarquer.

— Cesse de disputer! gronde l'oncle Charlie; on est sains et saufs!

Yaani, la figure égratignée, violette, se sent fouetté comme un chien de traîneau par cette sortie en mer. Il ne bouge pas, prêt à repartir, comme si la baleine y était encore.

— Descends, Yaani! Ce sera pour la prochaine fois, lui lance Kopak.

Puis, s'adressant à l'équipage, il ordonne:

— Tirez l'oumiak et montez-le sur le traîneau. Il faut décamper d'ici, les glaces s'accumulent et risquent de nous écraser.

Qu'importe les ennuis! Yaani garde confiance. Elle réapparaîtra ailleurs, cette baleine, et alors, les chasseurs seront tout près et chanteront avec elle.

Il saute de l'oumiak et aide les autres à le déplacer. Des mots anciens vibrent à ses oreilles et rythment tous ses gestes. «Écoutez le vent du nord! Écoutez les glaces des mers! Lève-toi baleine! Lève-toi et chante pour nous!»

Chapitre 3

La pipe d'ivoire

Les chiens ont tôt fait de transporter la tente et l'équipement loin du danger. Yaani a travaillé avec ardeur à remonter le camp avec les hommes. Dans la tente, Sarah s'apprête maintenant à faire bouillir de l'eau pour le thé. Elle rallume le feu de son petit poêle avec une allumette et des morceaux de gras de phoque.

Kopak accorde quelques heures repos à l'équipage. Qui sait, le tournera peut-être au cours de la

Dehors, Liitia fait la conversation à Élim, ce jeune chien robuste, rescapé un jour par elle et son frère.

— Demain, tu vas m'obéir! insiste-t-elle. Je veux aller placer des trappes à renards. Et pas de chamaillage, promis?

Élim n'est pas encore très docile. Pour toute réponse, il passe un grand coup de langue sur les joues rondes de la fillette.

— Quelle promesse baveuse! s'exclame Liitia. Élim, tu ne me rassures pas du tout.

Elle repousse le chien et se penche pour le flatter derrière les oreilles. À ce moment, Liitia entrevoit une silhouette de l'autre côté de la tente. Elle s'avance sur le bout des pieds et reconnaît Millik fort occupé à noircir un carnet notes. Les sourcils froncés, il a l'ai absorbé. Ses lunettes rondes so vées sur son front.

— Qu'est-ce que tu écris? lui demande Liitia, intriguée. Tu devrais mettre tes lunettes!

— Je prends des notes sur la chasse à la baleine, répond Millik qui replace aussitôt ses lunettes sur son nez. Ça me servira pour mes études.

— Parles-tu des pipes de Kopak dans tes notes? ajoute-t-elle en indiquant une pipe d'ivoire qui dépasse de la poche avant de son parka.

— Ah! ça… fait-il en touchant la pipe de sa main. Je vais la lui rendre dans peu de temps. Je l'ai empruntée pour mieux la décrire. N'en parle à personne!

— Kopak est tellement généreux, dit Liitia, tu n'as rien à craindre. Il te prête-rait même ses bottes, tu sais!

Oui, bien sûr, appuie Millik avec ˈle de sourire. D'ailleurs, j'ai l'in-ˈe tout lui expliquer.

Liitia laisse Millik à ses écrits et entre sous la tente, où l'oncle Charlie finit de raconter une histoire de *tinmioukpouk**.

— C'est comme si j'y étais encore! s'exclame l'oncle en partant à rire à gorge déployée. Le tinmioukpouk s'est jeté sur ma baleine et l'a emportée sous mon nez. Son ombre était tellement grande que lorsqu'il s'est envolé, elle a éteint le soleil!

— Moi aussi, j'ai rencontré un oiseau de malheur, dit Yaani, bien calé dans son sac de couchage. Je l'ai combattu et il n'existe plus. **

Tandis que chacun y va de son commentaire sur le fameux aigle, Liitia se glisse près de son frère. Elle lui souffle à l'oreille la curieuse découverte qu'elle a faite dans la poche de Millik. Yaani lui parle à son tour de l'incident des amulettes.

_____

kpouk: aigle fantastique, appelé aussi
nnerre».

ours d'Élim!, dans la même collection.

Chapitre 4

Au secours de Liitia
et de Sarah

Lorsque Liitia s'éveille le lendemain, les chasseurs sont déjà partis. Il neige encore et le froid pince les joues malgré le dégel des glaces sur la mer. Kopak, l'oncle Charlie, Yaani, Millik, Nikok et Isaac ont repris le guet devant la mer libre. Ailleurs sur la côte, d'autres groupes du village sont aussi rassemblés. Tous observent les courants dans l'espoir de capturer une baleine.

Des jours et des jours s'écoulent. Les

chasseurs continuent de veiller. Yaani mange peu, boit de la neige fondue et scrute la mer sans relâche. Quand arrive son tour, il dort sur le traîneau qui a servi à tirer l'oumiak, enroulé dans des peaux de fourrure.

Cette vie rude lui plaisait bien les premiers jours. Mais là, il se prend à regretter les courses avec ses chiens de traîneau.

Pour leur part, Nikok et Isaac se distraient en tirant des flèches sur les canards qui passent. Quant à Millik, il n'arrête pas de bouger.

Au moins une fois par jour, il retourne au camp sous mille et un prétextes : des chaussettes à changer, une lance à aiguiser, son parka à nettoyer... Que signifie cet étrange comportement ? Yaani se demande si Millik n'aurait pas peur de retourner en mer.

Liitia-le-rat-musqué a aussi remarqué

les visites répétées de Millik au campement. Son idée est faite : c'est un lâche et voilà tout! D'ailleurs, elle n'a pas le temps de s'intéresser à lui. Elle est très affairée. En plus de ses tâches de « rat musqué », elle fait le tour des trappes à renards en promenant les chiens. Malheureusement, comme pour les chasseurs, la chance ne lui sourit pas.

— J'ai envie d'aller vérifier les pièges avec toi, lui dit un jour sa mère. Attelle les chiens!

Tout près de la tente, la chienne Anouk dresse les oreilles et bat de la queue à l'annonce d'une promenade. Élim ne peut se retenir de bousculer le gros Kadlouk. Anouk mordille les oreilles d'Élim pour le rappeler à l'ordre, mais la bagarre est prise! Sarah et Liitia séparent les deux combattants avec beaucoup de difficultés.

— Élim! gronde Liitia, tu vas rester attaché ici. Tant pis pour toi!

Quelques minutes plus tard, l'attela-ge est prêt à partir et Liitia le guide vers les trappes qu'elle a installées. Encore une fois, un désappointement l'y attend: non seulement il n'y a pas de renards dans les trappes, mais le gras de phoque a complètement disparu!

— J'ai mis une dernière trappe près du grand bloc de glace là-bas, dit Liitia. Peut-être que le voleur à quatre pattes s'y trouve.

— J'y vais! dit sa mère qui s'éloigne d'un pas rapide.

Ayant franchi les deux cents mètres qui la séparent du mur de glace, elle dé-couvre l'appât de graisse de phoque à moitié grignoté. Intriguée, elle se penche pour vérifier le mécanisme de la trappe. Soudain, un grognement sauvage, terri-fiant, lui fige le sang dans les veines.

— LIITIA! SAUVE-TOI AVEC LES CHIENS! crie Sarah.

51

Au même moment, un ours blanc vient se percher sur le haut du bloc de glace. Superbe dans sa fourrure crème, il se pavane, le museau frémissant. La tête d'un ourson apparaît entre ses grosses pattes. Une mère ourse, la plus effroyable des rencontres !

Sarah s'enfuit avec l'énergie du désespoir. L'ourse regarde dans sa direction et s'élance au galop derrière elle.

— SARAH ! s'écrie Liitia, affolée.

L'énorme bête gagne du terrain et se rapproche dangereusement de Sarah.

—VA-T'EN, LIITIA ! répète Sarah qui trébuche et tombe.

Glacée d'effroi, Liitia aperçoit tout à coup un chien blanc et brun qui se dirige ventre à terre vers l'ourse : Élim ! C'est Élim qui s'est échappé. Ouaf ! Ouaf ! Ouaf ! La gueule grande ouverte, il défie la mère ourse comme s'il était de taille à se mesurer avec elle.

L'ourse s'arrête net devant l'attaque imprévue du chien. Elle se tourne vers lui et se dresse sur ses pattes de derrière en grognant.

Sarah en profite pour se relever. Tremblante, elle part à courir et se jette dans le traîneau à côté de Liitia.

Tandis qu'Élim continue d'affronter l'ourse, un gémissement déchire l'air. Alertée par ce cri familier, l'ourse fait volte-face et découvre un renard arctique tout près de son ourson!

Le renard a bravé le bébé ours, mais en présence de la mère ourse, il déguerpit à toute vitesse!

Élim, la langue pendante, rejoint Liitia qui s'empresse de le faire monter dans le traîneau.

Sarah caresse le chien, émue aux larmes par sa bravoure.

— Sans toi, l'ourse allait m'attraper

55

comme une baleine! Partons vite. *Haï! Haï!* Vas-y, Anouk!

De retour au campement, Sarah et Liitia ont la surprise de voir Millik sortir furtivement de la tente.

— Alors, Millik, la baleine s'est-elle montrée? lui crie Sarah, encore très ébranlée par sa mésaventure.

— Euh… elle… elle prend son temps, bafouille ce dernier. Je suis venu changer de mitaines. Euh… excusez-moi, je dois m'en aller!

Millik s'esquive sans faire de cas de la pâleur et de la nervosité apparentes de la mère et de la fille.

— Je m'occupe de détacher les chiens et de leur donner à manger, propose Sarah. Va te reposer, Liitia, tu en as bien besoin.

— D'accord pour cette fois, répond la fillette en descendant de traîneau.

Les jambes lourdes et la tête en feu, Liitia marche lentement vers la tente. Soudain, son pied glisse sur un carnet noir, tombé sur le sol enneigé. Le carnet de notes de Millik! Liitia ne peut résister; qu'est-ce que Millik peut bien écrire là-dedans? De simples observations? Son journal? Des histoires?

Étonnée, elle y trouve plutôt une liste d'objets et les prix de chacun d'eux. Les couteaux, les flotteurs, le coffret aux amulettes, même la pipe de Kopak et le porte-harpon de l'oncle Charlie y sont inscrits avec leur valeur en argent. Qu'est-ce que ça signifie? Est-ce que ces chiffres font partie des travaux de Millik?

Comme Liitia referme le carnet, une page s'en détache. Machinalement, la fillette la met dans sa poche, entre dans la tente et dépose le carnet sur les bagages de Millik.

Presque au même moment, le grand

gars à barbiche réapparaît, très agité, les lunettes à la main.

— J'ai oublié quelque chose, dit-il, l'air inquiet.

Il pousse un soupir de soulagement en apercevant le carnet noir sur son sac à dos. Il s'en empare et retourne à la mer d'un pas rapide.

Malgré sa fatigue, Liitia est frappée par le comportement bizarre de Millik: sans lunettes, il a fort bien repéré son précieux carnet noir sur un sac à dos de même couleur. Et ce fait lui rappelle le soir où Millik écrivait dans son carnet, les lunettes sur le front.

« S'il n'a pas besoin de lunettes, songe Liitia, pourquoi en porte-t-il? Étrange… On dirait que ce bonhomme-là cache quelque chose, mais quoi? Il faut que j'en parle à Yaani. »

Trop épuisée pour courir tout de suite à la mer, Liitia s'étend sur son sac de couchage, la tête appuyée sur ses mains.

Sa mère entre alors dans la tente.

— T'en fais pas, lui dit-elle, je serai « rat musqué » à ta place aujourd'hui !

— Non, non ! Je suis vraiment capable. Si je m'endors, je t'en prie, Sarah, réveille-moi !

Chapitre 5

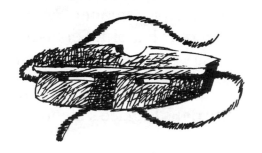

La géante boréale

Le temps s'est éclairci quand Millik arrive au bord de la mer. Un vent d'ouest repousse les dernières stries de nuages. Entre les glaces, les eaux s'agitent comme des serpents de mer.

L'oncle Charlie vient de mettre une nouvelle lame de pierre très effilée à son harpon. Maintenant, il scrute la mer de ses yeux perçants, protégés par des lunettes anciennes en bois de grève. « Les meilleures ! » assure-t-il.

Soudain, un frémissement parvient jusqu'aux chasseurs. Une mince couche de glace finit par craquer. Yaani s'étire le cou, le cœur battant. Serait-ce possible que « sa » baleine se montre enfin ?

Un craquement sonore retentit et la déchirure dans la glace s'étend.

— *Agviq !* la baleine lève ! chuchote gaiement l'oncle Charlie.

Devant les chasseurs éblouis, une énorme tête bleu-noir émerge de l'eau au travers des glaces.

L'oumialik veillait. En un rien de temps, le bateau est en mouvement. Sans bruit, chacun a repris sa place. Kopak gouverne l'oumiak avec précision vers le jet de vapeur au-dessus de la mer.

L'embarcation avance difficilement. Les pagayeurs reçoivent des douches de glaçons. L'oncle Charlie est debout à l'avant, le harpon à la main, la figure

crispée. S'il fallait que la baleine s'échappe encore!

Yaani retrouve son énergie. Cette fois, la baleine n'est pas loin. «C'est la mienne!» se dit-il, confiant. Il plonge hardiment sa pagaie sans craindre ni le vent ni les glaces.

Le gros mammifère a gagné un chenal d'eau courante. Tout d'un coup, FLIP! la baleine saute! Ses nageoires battent l'air comme des hélices, son corps énorme retombe sur le côté dans un éclat de mousse blanche. FLAP!

Magnifique, la baleine lève encore et,cette fois, se laisse tomber sur le dos. FLIP! FLAP! Elle joue! C'est une baleine boréale remplie de vigueur malgré le long voyage qu'elle a dû faire pour se retrouver là. Yaani est émerveillé par ce spectacle. Quelle prise extraordinaire ce sera! Cela dépasse toutes les histoires de chasse entendues jusqu'à ce jour.

Quelle chance il a de faire partie de l'équipage de Kopak!

L'embarcation glisse enfin dans l'eau libre, à peu de distance de la baleine. Les chasseurs ne bougent plus; ils attendent la prochaine sortie du mammifère.

Yaani fixe du regard la plaque sculptée, suspendue à l'avant de l'oumiak: «Allez, baleine, laisse-toi charmer, viens voir le beau cristal de roche!» murmure-t-il.

Brusquement, le dos de la baleine surgit à quelques mètres seulement de l'oumiak. Yaani se raidit, bouleversé par cette apparition subite. Avant qu'il n'ait le temps d'avaler sa salive, l'oncle Charlie passe à l'attaque: à bout de bras, il lance vigoureusement son arme vers la baleine. Le harpon déchire l'air dans un sifflement strident. Sa lame coupante transperce la peau de l'animal. La baleine est touchée!

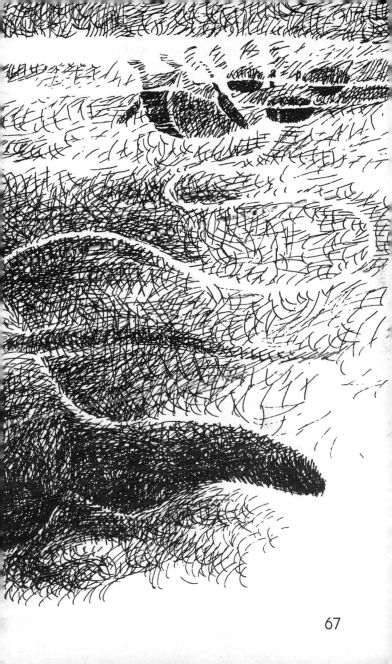

Yaani suit la bête des yeux, excité et inquiet à la fois. La géante des mers n'abandonne pas, elle plonge sous l'eau. Les longs cordons de cuir attachés à la lame du harpon et reliés aux flotteurs se déroulent.

— Allez vite, Yaani! crie Kopak. Jette les flotteurs à l'eau!

Le garçon sursaute et dégage les flotteurs qui ballottent sur l'eau en suivant la course folle de la baleine en détresse. Kopak navigue en gardant les yeux rivés sur les masses brun-roux des flotteurs.

Une heure passe et la baleine blessée fuit encore. Yaani a l'impression qu'un jour complet s'est écoulé. Son dos craque, ses bras sont douloureux, ses yeux chauffent. Il continue quand même à pagayer avec acharnement. Il lui faut cette baleine. C'est «sa baleine!»

Au bout de quelque temps, l'énorme

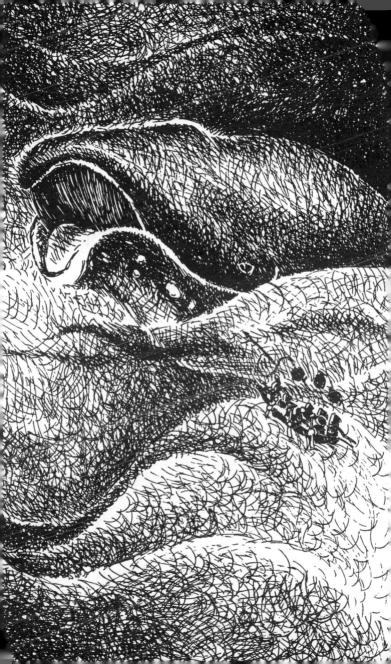

bête commence à donner des signes de fatigue et à s'agiter dans tous les sens. Les vagues se gonflent autour de l'oumiak qui penche dangereusement. D'une voix forte, Kopak se met à rythmer un chant pour calmer l'animal et alerter les équipages le long de la côte.

À bord, la tension monte. Millik, en proie à une peur incontrôlée, gesticule en criant des jurons contre la baleine.

— Ferme-la! Prends sur toi! lance Nikok, juste derrière lui.

— Laisse-moi tranquille! rage Millik.

Fou de colère, il se lève en brandissant sa pagaie. Avant que personne ne puisse le retenir, Millik perd l'équilibre et tombe dans l'eau glacée. En catastrophe, Isaac et Nikok tendent leurs pagaies au malheureux qui s'y accroche. L'oncle Charlie surveille le sauvetage en bougonnant.

— Tirez-moi cet imbécile de l'eau, même s'il ne le mérite pas!

Les deux robustes chasseurs ont tôt fait de remonter Millik dans l'oumiak. L'oncle s'empresse de lui enlever son parka mouillé et Nikok lui prête le sien.

Pendant ce temps, Yaani n'a pas perdu de vue les flotteurs. Soudain, il les voit tourner. La baleine harponnée est en train de foncer vers l'oumiak. Plus une seconde à perdre! Yaani s'empare de la lance de Millik au fond du kayak, contracte ses muscles et attend la sortie du mammifère. La sueur lui perle sur le front malgré le froid. Ça y est! La baleine refait surface de son côté: il frappe!

La lance s'enfonce dans le flanc de l'animal. L'oumiak pivote sous le choc. Une autre lance s'abat: celle de Kopak! Cette fois, l'animal est touché en plein cœur.

La baleine flanche et se renverse peu

à peu sur le dos. Les chasseurs crient de joie. La chasse est terminée! Les caches seront remplies de nourriture, chacun mangera à sa faim. Quelle bonne année ce sera!

Assis sur son banc, Millik grelotte de tous ses membres et répète sans arrêt:

— Mon carnet noir, j'ai per-perdu mon carnet noir!

Yaani, encore secoué par l'aventure, tremble autant que lui. Quelle émotion! Sa première prise en mer! Il éprouve un mélange de fierté et de regret pour la bête harponnée.

— Je savais bien, Yaani, que tu serais mon assistant! dit l'oncle Charlie en lui frottant affectueusement le cou. Et toi, Millik, arrête de pleurnicher pour des bouts de papier!

— Regarde dans son parka, mon oncle, suggère Yaani, son carnet y est peut-être. J'ai entendu un drôle de bruit quand tu l'as jeté au fond de l'oumiak, tantôt.

Le harponneur saisit le parka mouillé et le retourne dans tous les sens. Clac! D'une des larges poches tombent deux couteaux au manche sculpté en forme d'aigle.

— Nom d'un morse! s'exclame l'oncle ahuri, mes couteaux! Je pensais les avoir perdus.

— C'est que... bon... je...

— On s'expliquera plus tard! lance l'oncle Charlie, furieux. Avant, il faut sortir d'ici. Tiens, voilà du secours...

Alertés par le chant puissant de l'oumialik et les cris des chasseurs victorieux, cinq équipages, dispersés dans la baie, ont navigué jusqu'à eux. La baleine est vaincue mais il faut la ramener à bon port.

En peu de temps, tous les oumiaks

sont attachés les uns aux autres afin de remorquer l'énorme prise. Kopak guide la flotte vers la banquise. La géante boréale fait sa dernière course en mer.

— L'esprit de la baleine est libéré, déclare gravement Kopak. Nous remettrons sa tête à l'eau pour que son esprit vive dans un nouveau corps!

Yaani se laisse bercer par le chant des chasseurs. «Écoutez le vent du nord! Écoutez les glaces des mers!...»

Cette fois, c'est vrai. Il a rencontré «sa» baleine bleu-noir, la géante des mers! Il a contribué à sa capture. Son rêve s'est réalisé. Quel retour extraordinaire!

Chapitre 6

Un morceau
en forme d'étoile

Sarah et Liitia ont entendu les cris joyeux par toute la baie. *Agviq!* La baleine! La nouvelle s'est répandue comme la poudrerie! Tout le monde s'embrasse, rit, pleure. Sarah extrait délicatement de ses bagages le *qattaq**. Elle fait ensuite fondre de la neige et la verse dans ce magnifique seau de cérémonie.

---

*qattaq: seau de cérémonie en os de baleine, orné de chaînes d'ivoire.

Puis, emportant le qattaq, la mère et la fillette se dirigent vers la banquise. Là, des hommes et des femmes, accourus du village, travaillent à sortir l'énorme mammifère de l'eau glacée.

Au rythme de chansons, ils tirent tous ensemble sur le câble qui entoure l'animal; après de durs efforts et de longues manœuvres, ils finissent par hisser la baleine boréale sur la banquise. Du coup, les muscles se détendent et les figures s'épanouissent.

Les Inuits s'écartent alors pour laisser passer Sarah avec son qattaq rempli d'eau. Toute petite à côté de la géante boréale, Sarah fait couler doucement l'eau du qattaq sur la tête de la baleine.

— *Agviq*, bienvenue! dit-elle. Je sais que tu as soif après ton long voyage. Baleine, merci d'être avec nous!

Kopak, aidé de gens du village, commence alors le découpage de la baleine.

Il distribue tout de suite aux chasseurs des morceaux de peau et de gras, appelés *muktuk*, parties délicieuses et riches en minéraux.

Yaani déguste lentement sa part lorsque Liitia le rejoint, tout excitée.

— Yaani! j'ai des choses importantes à te dire. Regarde ce que j'ai trouvé!

Liitia lui raconte alors la dernière visite de Millik à la tente et lui montre la feuille de papier, extraite du carnet de l'étudiant. Yaani bondit à sa lecture et s'exclame:

— Un voleur! Millik est un voleur dangereux! Imagine-toi qu'il avait les couteaux d'oncle Charlie dans ses poches. Il doit avoir pris un tas d'autres objets. Vite, il faut prévenir notre oncle!

Liitia et Yaani repèrent le harponneur sans difficulté. Entouré d'un groupe d'enfants, il raconte l'histoire de la chasse, un harpon imaginaire au bras. Yaani l'interrompt vivement.

— Oncle Charlie! On veut te parler. C'est grave!

— Ah oui? Quelqu'un est malade? demande-t-il, alarmé.

— Non, non, s'écrie Liitia. C'est à propos de Millik. J'ai une page de son carnet...

— Mais il est à l'eau, son carnet. Millik se lamentait comme un bébé. Il aurait dû plutôt pleurer ses lunettes englouties.

— C'est un bandit, déclare fermement Yaani. Il voit très bien sans ses lunettes et Liitia a pris cette feuille déchirée bien avant qu'il ne tombe à la mer. Lis donc ça, mon oncle!

Le robuste harponneur commence à lire la longue liste d'objets, les yeux agrandis par la surprise. Lorsqu'il aper-

çoit au bas de la page le nom d'une compagnie, il rugit:

— Espèce de traître! Il travaille pour de vulgaires commerçants! Attendez un peu que je lui règle son compte! Venez avec moi, les enfants!

Sans perdre de temps, l'oncle va retrouver Nikok et Isaac en train de terminer leur part de muktuk.

— Où est Millik? s'enquiert-il.

— Je l'ai vu il y a environ dix minutes, déclare Isaac. Il s'en allait vers le campement à grands pas.

— Vite, suivez-moi tous, il faut l'attraper!

Aussitôt dit, aussitôt fait: les deux chasseurs costauds, Yaani, Liitia et l'oncle arrivent devant la tente comme Millik en sort. Frais changé, le sac au dos, le gars à barbiche s'apprêtait à filer en cachette. Nikok et Isaac l'empoignent énergiquement par les épaules.

— Fouillez-le! ordonne l'oncle. C'est un voleur, un imposteur, un vendeur de souvenirs!

— Comment osez-vous m'insulter ainsi? demande Millik d'un ton arrogant.

— J'ai une preuve qui vient directement de tes affaires! rétorque l'oncle en lui faisant voir la page du carnet de notes, recueillie par Liitia.

— Rendez-moi ce papier! s'écrie Millik, tout blême, prêt à s'élancer sur l'oncle Charlie.

Mais les deux chasseurs le retiennent fermement, vident ses poches et lui enlèvent son sac à dos.

— Yaani, occupe-toi du sac! dit l'oncle Charlie à son neveu.

Parmi les effets de Millik, Yaani

trouve d'autres amulettes, une petite poupée, un couteau, et même une lampe que Sarah cherchait depuis plusieurs jours. Il découvre aussi une carte d'identité avec photo, sur laquelle Millik ne porte ni lunettes, ni barbiche!

— Ah! ah! fait l'oncle Charlie, te voilà mis à nu, menteur! Retourne d'où tu viens, sans ta part de baleine. Et va dire à tes patrons que nos objets ne sont pas à vendre! Accompagnez-le! ajoute-t-il en s'adressant à Nikok et à Isaac.

L'oncle s'éponge le front, piqué au vif par les activités louches de Millik. Un Inuit, un des leurs, comment a-t-il pu oser trafiquer des biens aussi précieux?

— Je l'avais trouvé étrange dès le premier jour, ce gars-là, mon oncle, lui confie Yaani. Et la chasse à la baleine, il n'aimait vraiment pas ça!

— Tu as le regard perçant de l'aigle

et un excellent jugement, dit l'oncle Charlie. Bravo, mon neveu! Et à toi aussi, Liitia, bravo! Tu as démasqué Millik avec son carnet de vendeur. Maintenant, les enfants, retournons sur la banquise. J'ai besoin de me changer les idées.

Lorsqu'ils arrivent là-bas, le découpage de la baleine est à peu près terminé. Les hommes et les femmes sont heureux de leur bonne fortune et toutes les figures rayonnent de satisfaction. Le harponneur, l'oncle Charlie, aura droit à la plus grosse part parmi les chasseurs. Cependant, les membres des équipages qui ont aidé à ramener la baleine recevront aussi de généreuses portions. Et il en restera pour toute la population du village!

Les chiens se régalent déjà du foie. De nombreux attelages sont sur place pour effectuer le transport des pièces le plus rapidement possible au village. S'il

fallait que la banquise craque ou que les glaces s'accumulent, tout serait perdu!

Les enfants, eux, ont envie de célébrer tout de suite la prise de la baleine boréale. Des jeunes ont fait un cercle et tendent bien haut des peaux de phoque cousues ensemble. Les mains agrippées aux bords, ils les étirent comme des peaux de tambour. Soudain, une petite personne bondit au centre et se met à sauter dessus.

— Hou-ou! Oncle Charlie!

C'est Liitia qui se livre à des acrobaties sur les peaux. Radieuse, elle pirouette, retombe sur le dos ou les jambes, puis recommence à sauter et à danser. Ses longs cheveux noirs voltigent dans tous les sens et ses yeux brillent de plaisir.

— Bravo, petit rat musqué! lance l'oncle, amusé, en s'approchant pour mieux la voir. Encore! Plus haut!

Tout à coup, Liitia bondit très haut sur le côté et se laisse tomber dans les bras de son oncle.

— Tu pèses lourd comme une baleine! s'écrie l'oncle Charlie en éclatant de son grand rire habituel.

«Vive la baleine!» se dit Yaani qui s'éloigne de la foule pour rejoindre son ami Kopak, seul au bord de la mer. Le vieil oumialik a remis la tête de la baleine à l'eau, comme le veut la tradition. En paix avec son esprit, il sourit en voyant Yaani s'approcher.

— Comme je suis content de te voir, dit-il. Tu es devenu un homme, te rends-tu compte? Tu as frappé la baleine comme un vrai chasseur!

— Merci, répond Yaani, tout ému; merci de m'avoir emmené à la chasse… Kopak, j'ai une autre faveur à te demander, ajoute-t-il après une hésitation.

— Qu'est-ce que c'est? demande le vieil homme, intrigué.

— Puis-je me tailler un morceau de baleine en forme d'étoile? Tu sais, cette baleine-là brille joliment à la lumière; il me semble qu'elle brille un peu comme du cristal. Peut-être qu'elle est magique comme celle de la course!*

Le vieux chasseur jette un long regard vers la mer, puis tend son couteau à Yaani.

— Cette baleine est un peu la tienne. Va et taille ton étoile, mon garçon, l'étoile de tes futures chasses!

---

* Voir *La course au bout de la Terre*, dans la même collection.

Table des matières

Mot de l'auteure

Louise-Michelle Sauriol

Dans ce coin imaginaire du nord-ouest de l'Alaska, j'ai vibré au son des rites anciens de la chasse à la baleine. Cette chasse est une aventure de l'esprit en même temps qu'une épreuve pour le corps. On s'y prépare pendant toute une année. La baleine devient un être sacré autant qu'une proie puisqu'elle permet aux habitants d'un village entier de survivre.

J'ai accompagné mes héros dans cette chasse à la baleine d'autrefois et voilà qu'à mon insu, un vilain s'est glissé parmi l'équipage. Je l'ai épié du coin de la plume et j'ai applaudi lorsque mes vaillants héros l'ont démasqué. Surtout, j'ai chanté avec ces femmes et ces hommes la prise de la géante des mers. Un peu plus et, moi aussi, j'allais sauter de joie sur les peaux de phoque!

92

Mot de l'illustratrice

Joanne Ouellet

Je vous propose une série d'images qui s'imposaient d'elles-mêmes à la lecture de cette histoire. Les personnages d'ombre et de lumière vous feront partager des moments magiques.

J'ai toujours eu beaucoup de plaisir à faire vivre de nombreux personnages,

tout particulièrement ceux des mondes inuit et améridien à travers leurs traditions et leurs légendes. Ainsi, une de mes aquarelles a fait le tour du monde après avoir été retenue, en 1991, pour illustrer une carte de l'UNICEF. Ce tableau représente des enfants du Grand Nord qui s'amusent à glisser en toboggan par temps de neige.

Dans la même collection

BERGERON, LUCIE,
Un chameau pour
   maman 🐝
La grande catastrophe 🐝
Zéro les bécots! 🐝
Zéro les ados! 🐝
Zéro mon Zorro! 🐝

BILODEAU, HÉLÈNE,
Jonas dans l'ascenseur 🐝

**BOUCHER MATIVAT,
MARIE-ANDRÉE,**
La pendule qui retardait 🐝
Le bulldozer amoureux 🐝
Où est passé Inouk? 🐝
Une peur bleue 🐝

CAMPBELL, A.P.,
Kakiwahou 🐝

CANTIN, REYNALD,
Mon amie Constance 🐝 🐝

COMEAU, YANIK,
L'arme secrète de
   Frédéric 🐝
Frédéric en orbite! 🐝

CUSSON, LUCIE,
Les oreilles en fleur 🐝

GAGNON, CÉCILE,
L'ascenseur d'Adrien 🐝
Moi, j'ai rendez-vous
   avec Daphné 🐝
GroZœil mène la danse 🐝
GroZœil en vedette
   à Venise 🐝
Une lettre dans la
   tempête 🐝

GAGNON, GILLES,
Un fantôme à bicyclette 🐝

GAULIN, JACINTHE,
Mon p'tit frère 🐝 🐝

GÉLINAS, NORMAND,
La planète Vitamine 🐝
Une étoile à la mer 🐝 🐝

GÉNOIS, AGATHE,
Sarah, je suis là! 🐝

GUILLET, JEAN-PIERRE,
Mystère et boule
   de poil 🐝

Dans la même collection

✒ lecture facile
✒ ✒ bon lecteur

ACHEVÉ D'IMPRIMER
EN FÉVRIER 1997
SUR LES PRESSES DE
PAYETTE & SIMMS INC.
À SAINT-LAMBERT (Québec)